JN410852

그림자

그림자

초판 1쇄 인쇄일 2020년 11월 4일
초판 1쇄 발행일 2020년 11월 11일

지은이 나동수
발행처 (재)당진문화재단
주 소 충남 당진시 무수동2길 25-21
전 화 041)350-2932
팩 스 041)354-6605
홈페이지 www.dangjinart.kr

펴낸이 양옥매
디자인 임홍순 임진형
교 정 조준경

펴낸곳 도서출판 책과나무
출판등록 제2012-000376
주소 서울특별시 마포구 방울내로 79 이노빌딩 302호
대표전화 02.372.1537 **팩스** 02.372.1538
이메일 booknamu2007@naver.com
홈페이지 www.booknamu.com
ISBN 979-11-5776-949-0(03800)

이 도서의 국립중앙도서관 출판시도서목록(CIP)은 서지정보유통지원 시스템 홈페이지(http://seoji.nl.go.kr)와 국가자료공동목록시스템(http://www.nl.go.kr/kolisnet)에서 이용하실 수 있습니다.
(CIP제어번호 : CIP2020044911)

그림자

나동수 시집

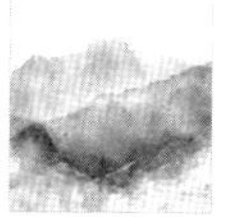

당진문화재단

시인의 말

반생을 동행하던 스포츠를 떠나서
문학이란 새로운 바다에 낚싯대를 드리우고
태공이 된 지 벌써 수십 해
오늘까지 끼고 있던 메모장엔
피라미를 닮은 문장들이 여러 편 미완성으로 들어 있다

동안은 예기치 않았던 것에 의하여 망설였으나
나는 이 오래된 피라미들을
3번째 어항에 옮기려 한다

문장의 비늘을 다듬었기에
피라미가 다소 원색이 아닐 수도 있다
하지만 늦더라도
메모를 기록으로 남겨야만
지난 시간이 아깝지 않으리라는 생각이다

누군가가 부족한 이 글을 이해하고
한 번쯤 고개를 끄덕이며 조언해 준다면 영광이리라
메모가 다 정리되면
심해에 뛰노는 새로운 시어를 건지기 위해
더 노력하는 태공이 되려 한다
건강이 허락한다면…

2020년 11월
신로 나 동 수

차례

제2부 이생의 저녁

제3부 눈을 감고서

제4부 그리움의 환절기

제1부

연호의 소묘

촌음

유한한 인생길
유유자적
허허실실
반백이 넘도록 달려와 보니
여삼추가 일각이었네

삶이란
이리도 속절없는 것인가
산같이 쌓인 꿈도
한순간에 사상누각인 것을

촌음을
가벼이 쓰고서야
우매함을 알아가는 이 길
안타까운 편도에는
옛 꿈이 지워지고 있네

태공의 글짓기

깊이도 모를 글밭에 앉아
대어를 낚을 듯이
찌를 던진다
시간을 버티며 방법을 달리해 봐도
순수로 차린 문장을 낚기란
밤하늘 별 따기

때로는 입질 받은 찌처럼
순간순간 시상에 끌려가기도 하지만
매사 앞선 욕심은
피라미조차 건지지 못한다

월척이 사는 용궁이
따로 있는 건 아닐까

긴 세월을 두드리고 있는
시인의 자판에는
월척의 탈을 쓴 피라미의 입질뿐
호 글에 바다를 누비는
대어의 자취는
여전히 오리무중이다

안식이 깃든 저녁

무탈했던 하루가
족한 삶이려니
늘 그리 감사하는 시간

짧은 일상을 가로질러
먼 거리를 늦도록 누비다가
마음 밖으로 불거져 나온 하루를
다독거리면

유년에 보았던
별 밭은 여전히 아름다운데
삶을 물들이는 사념이
세월에 꼬리를 물고
아이들처럼 쫓아오곤 한다

얼룩진 사념이 줄을 서서
밀려왔다 밀려가는 이 저녁
다시 감사함으로
무탈한 하루를 접는다

모난 기억

나에 옛 친구여
혹여
지난날에 모난 기억이 있었다면
우리 사이 탈이 될까 두려우니
묻어 두기로 하자

세상을 살다 보면
옥에도 티가 있다 안 하나
지난일은 지난 대로
오는 일은 오는 대로
새날만을 새롭게 만들어 가자

비록 어제는
모난 기억이 있었을지라도
오늘은, 오늘대로
내일은 내일대로 그렇게
물처럼 흘러가는 법을 익히며 살자

거미줄

이른 아침
오솔길을 걷노라면
정교한 각을 만들어
길 위에 설치해 놓은 거미줄이
내 얼굴에 딴지를 건다

바람도 빛도 걸리지 않게
나뭇가지에
길게 쳐 놓은
길 위의 투명한 함정

독을 품은 눈 하나가
숨어서 보고 있지만
운 나쁜 상대를 아는지
제집이 다 망가지는 것을 보고도
주춤거리던 거미는
슬금슬금 꽁무니를 뺀다

혹여 미물들도
강적에겐 이길 수 없다는
힘의 이치를 아는 건 아닐까

동굴

그저 아무것도 없는
텅 빈
동굴인 줄 알았으나

소리를 지르고
귀를 모으니
메아리가 들려왔다

죽은 듯했던
그 동굴이
살아 있었다

세상엔 이렇듯
존재하는 것들이 있다
죽은 듯이 살아 있는

촌부의 삶

한세월 쇠한 몸엔
땀에 젖은 잠방이를 걸치고
주름진 몰골은 초립으로 가린 채
오로지 흙에는 희망이 있다며
農者地大本을 앞세워
봄을 나서는 촌부

이제 황혼에 물들어
일손을 놓고 굽은 허리 펼 만도 한데
못다 한 열정인가
대를 이으려는 아집인가
생이 저물도록 굴레를 내려놓지 못하는
촌부에 고집스런 일상

누군가가
생은 유한한 것이라 외치건만
삶이 다 그런 것이라고
겸손으로 귀를 털며
투덜대는 날 향해
촌부는 자학하듯 손사래를 친다

늙은 촌부의 이 중증은
어디서 오기에 이토록 확고한 걸까
그의 굳건한 믿음이 때로는
내게로 들어와
진리가 되기도 한다

붉은 말뚝

오늘에서야 제자리를 찾은 듯
빈자리에 야무지게 박힌 저 증표 하나
누대를 거쳐도 분명치 않던
기쁨이기도 했다가 눈물이 되기도 했을
저 붉은 말뚝

시대에 따라 내 편이었다가
또는 네 편이었다가
밀고 당기며
멋대로 흔들리던 붉은 말뚝은
애초부터 인정 없는 모리배였나

점이 되어 경계를 지키는
저 붉은 말뚝
때로는 욕심을 부르는 괴물이다
타인을 후려치는 채찍이다
오만을 생산하는 양식장이다

욕심으로 봉인되어
무섭게 경계를 이루는 저 붉은 말뚝
저 점 하나에
큰 산이 무너지고 긴 강이 막힌다

저녁

늦은 저녁
어둠을 몸에 두르고
꿈으로 가는 열차에 오르면
밤하늘엔 별빛 연주가 시작되어
곤고한 일상을
솜사탕처럼 녹인다

또 하루
세상의 시녀로 살았던 허접한 가면도
버겁던 눈치도 다 벗어 놓고 나면
밤의 깊이만큼
평안함이 넘쳐나는 이 저녁

오늘은
세상에서 제일 편안한 자세로
별 밭에 누워
무한한 우주에 공허를 숭배하며
아무도 모르게
내 느린 걸음으로
이생에 저녁을 걸어 봐야지

장미

5월이 되면
울타리를 타고 올라
양귀비를 압도하는
황홀한 꽃이여

푸른 잎에 가린 맵시는
빼어난 요녀처럼 농염하고
처연한 눈짓은
맵도록 고혹하여라

5월의 정수리에 올라
수줍은 아양으로
푸른 언덕을 장식하는
붉디붉은 꽃이여

사랑스런 미소로
군중의 마음을 휘저으며
유혹을 흩뿌리는
너 5월의 장미여

8월의 산사

산길을 따라
산사로 가노라면
태양이 모로 선 하늘에선
뭉게구름 피어오르고
비를 품은 대지는
초록빛 그늘을 당기어
여름을 식힌다

산을 오르면
솔숲에 숨었던 천년 바위가
알몸도 당당하게
덧없이 세월을 수행하고

산을 내려서면
산사 용마루에 자란 푸른 이끼가
낡은 기왓장에
성현의 말씀을 무늬로 새긴다

물소리 새소리 바람 소리에
마음이 열리는 산사

열반으로 이어지는 목탁 소리는
문간마다 깔리어
8월의 산사를 그린다

8월의 밤

별빛 고운 초저녁
8월 마당에 밀대 방석이 깔리면
매콤한 모닥불이 오르고
식구들 둘러앉아 정을 나누던
그 유년의 여름밤

극성스럽던 모깃소리도
이웃 마을에서 들리는 풍물 소리도
수수 잎을 갉다가
마당으로 달려들던 풍뎅이 소리도
북두칠성을 바라보며
온 가족이 늘어놓던 이야기도

짙은 서정이 출렁이던 흙냄새 풀 냄새
모깃소리 풍뎅이 소리
쑥대 타는 소리와 그 맛까지도
돌아보면 모두가 정겨운
여름날 시골 밤의 동행이었습니다

이제는 갈 수 없는 그 유년
모닥불이 시들고 나면
애호박으로 고명을 띄운 밀수제비가
누이의 손에 들려 나왔던 그때 그 여름밤

자정이 되면
통행금지를 알리는 사이렌도 울었지
추억이 멀어질수록
정겨운 옛 기억들이 그립습니다

연호의 소묘

황혼이 물든 소들 녘
望寒의 시름을 덮어 놓고
그저 시 한 줄의 배경이 되어도 좋을
한가로운 들둑엔
마른 갈대를 흔드는 북풍이 지나고
회색 구름 사이로 쏟아지는 햇살이
농로에 넘쳐나는 소들

조심스레 둑길을 걸어도
놀란 청둥오리 떼는
인간의 체취가 싫어서인지 후드득후드득
앞다퉈 검불 더미를 빠져나와
철탑이 떠받치고 서 있는 먼 하늘로
점이 되어 사라져 간다

고개 들어 비 이 잉 돌아보는
연호의 들녘 한 바퀴
어스름이 깔리는 지평선엔
합덕리 성당에서 전하는 사랑의 종소리가
평화로이 소들을 덮는다

가을

풍경화(고향)

야문 씨알들이
다시 가을을 이고
황금빛으로 일렁이는
내 고향

동구 밖에는
살살이 꽃 무리
고을에서 고을로
길을 따라 이어지고

온종일
빈 들을 지키던 허수아비
시름에 들고 나면
한 무리 고추잠자리 떼
노을에 그리는 춤사위 경이로워라

산과 내가
하나로 익어 가는 고향
눈길마다 발길마다
넘쳐나는
내 고향 만추의 정경이여

겨울 초입

고요한 산마을
작은 통나무집 유리창 너머로
하늘이 낮게 열리면
초겨울 숲에 내리는 햇살이
더욱 따사롭다

멀리 뵈는
산과 산의 낮은 구릉엔
머리를 맞댄 작은 나목들이
비탈을 붙잡고 서서
정적에 빠져들고

하늘이 열리는 정오
눈 들어
산 한 바퀴 바삐 돌고 나면
다시 산그늘이 덮어 가는
고적한 산마을

겨울 초입은
나목도 벌거벗은 바위도
도토리를 굴리다 술래가 된 다람쥐들도
모두가 하나같이
계절에 리리시즘*이 된다

* 리리시즘: 시나 산문 음악 따위에 나타난 서정적인 정취.

겨울 나목

저녁이 되면
어둠에 쫓기는 바람 소리
아우성인데
길가에 나목 한 그루
날리는 설무雪舞로 치장을 하네

어젯밤에는
빛도 없는 칠흑의 시간을
뜨겁게 막아서더니
고추보다 매운 혹한에 이 밤은
어이 맞서려는지

부엉이 우는 자정에
적막을 지키던 나목 한 그루
날다가 찢긴 바람을 한가득 안고
눈 내리는 밤을
혼자서 맞서고 있네

나목(새벽 풍경)

나목에 올라
밤을 지키던 초승달이 기우니
별빛이 가득한 북천北天에는
이따금 백설이 날리고

외로움에 잡히어
밤새 심연을 들썩이던 나목은
새벽이 되어서야
백의를 걸치고
간신히 시린 밤을 나서네

잠깬 여명이
순백의 눈빛으로 찬란한 시간
삭풍을 견딘 나목은 주저리주저리
아침의 정수리에
빛나는 고드름을 단다

추억의 클로버

서재 귀퉁이
먼지 쌓인 시집을 펼쳐 드니
행운을 상징하는 네 잎 클로버가
갈피에 압착되어 있다

한 시절
고운 빛을 자랑하다가
호기심 많은
소년의 눈에 띄어
책갈피에 끼워진 네 잎 클로버

바람조차
통하지 않는 틈에서도
신비로운 수행을 했는지
원색의 클로버가
추억의 향기를 풍긴다

손꼽아 보면
아득히도 겹쳐진 세월
그때가 그리워 자꾸 들여다보면
빙그레 답하는
갈피 속 네 잎 클로버

허공

태초로부터
오랜 세월이 지났어도
형체도 없고 흔적도 없는
손으로는 만질 수 없고
눈으로도 볼 수 없는
그러나 만물의 윤회가 이어진
신비로운 그 블랙홀

일생을 달려가도
거칠 게 없을 것 같은
오히려 투명한 맑음이 두려워 보이는
저 3차원의 세계
어쩌면 그곳은 인간들이 넘보지 못할
신들에 영역인가

우리가 소원하는 것들이
다 들어 있을 법한 그 공간에서
나는 자주 의문에 의문을 붙잡고
인간의 한계를 넘어
우주의 미아가 되기도 한다

나루터

세월이 지나도
옛 모습 그대로인 나루터
이별이 있던 자리엔
물무늬 같은 그리움이 돌고

뉘 다시
올 리도 없는 그곳에는
갈대숲에 묻힌 추억이
노을이 되어
가슴속을 넘실거린다

길을 나서면
그리운 영상들이
삶에 그림자로 얼룩지기에
혹여나 하고
마음을 서성이는

옛 나루터

제 2 부

이생의 저녁

이생의 저녁

휜칠하던 이마에
갈매기 같은 주름을 그려 놓고
날쌔게 달아난 세월은
그 누가 설정한 심술인가

볼수록 야윈 팔다리엔
마디마다 고된 삶이 배어 있고
활처럼 굽은 등엔
산만한 외로움이 쌓여 있네

돌아보지 말라며
쏜살처럼 스쳐 가는 세월에
늘 밀리고 치이다
헛방만을 자초하는 이생

그래도 그런데도
귀신에 홀린 사람처럼
둥지의 온기가 있는
이생의 이 저녁이 좋다

순리

많은 추억이
세월을 지탱치 못하고
꿈으로 사라지는
생은 모래성 같은 것

순리를 따라 흘러간
유년의 강은
아직도
가슴에 흐르는데

굽이 닳도록
브레이크를 밟아도
멈추지 않는
고집 센 세월

가던 삶
빙긋이 돌아보고는
그냥
순리를 따르라 하네

안식이 있는 저녁

세상살이 그저 그렇게
하루가 무탈하면
족한 행운이려니
그리 감사하며 사는 삶

짧은 눈빛으로
닿을 수 없는 행운을 겨누다가
마음 밖으로 불거져 나온
하루를 데리고
여전히 행복이라 새기는 시간

틀에 박힌 어둠을 지우며
별이 빛나는 하늘 밭을 향하면
허공에 거리를 재던 꼬리별이
줄친 현실에 밀리어
말없이 우주 밖으로 사라지곤 한다

온갖 사념이
무녀처럼 춤을 추며
밀려왔다 밀려가는 이 하루

안식을 불러
어둠을 빛으로 바꾸며
평온한 하루를 마음껏 채색해 간다

아 나의 저녁이여

그냥 술 한잔하지요

그냥 술 한잔하지요
사는 게 허허롭다 생각이 될 때는
무겁고 고된 일상 내려놓으며
그냥 술 한잔하지요

때로는 친구들이
그리하다가는 쉽게 간다고
저승사자 같은 말투로 귀띔을 해 주지만
내 심드렁한 심사에
그런 두려움 따위는
개의치 않은 지 오래입니다

오로지 잔에 담긴 기쁨이 달아날까 봐
조바심을 하면서
찰랑거리는 술잔을 비울수록
가슴은 뜨거워지고
신기하게 치솟는 온기는
모진 세상사를 둥글게 덮곤 하지요

오래전부터 친구가 돼 버린
한 잔의 술은
내 희로애락의 요람
가끔 사는 게 허허롭고 외로울 때는
그냥 술 한잔하지요

용서

지난날에는
어리석음도 많았지요
세상에 물들지 않으려 해도
운명처럼 타고난 정에 이끌려
내 많은 것을 잃기까지
불행을 자초했던
많은 세월

가벼운 믿음이
돌이킬 수 없는 상처가 되고
가까운 믿음이
호된 절망이 되었던 모난 시험들
그 세월 모두는
내 생에 비싼 경험이었어요

아무리 뒤돌아봐도
득이 될 리 없는 부단한 세월
이제 그 모두를 잊어 갑니다
삶의 상처를 치유하는 명약이 용서라기에
오늘은 더욱
내게 용서가 필요합니다

가장의 뒷모습

부딪치면 깨질세라
불면 날아갈세라
살얼음판 같은 세상을 등에 지고
집 안에선 호기를 부리지만
문밖을 나서면
한순간도 방심할 수 없는
치열한 세상사

하늘이 무너질세라
둥지가 깨질세라
오늘도 치열한 발버둥에
갈수록 지쳐 가는
무게를 내린 일상의 끝에서야
무탈한 쉼표를 찍는
저녁 긴 그림자같이 애처로운
가장의 뒷모습

생물은 제자리에 있어야 아름답다

오월의 담장을 수놓던 장미꽃이
식장의 화병에 꽂혀 있다
아무리 화려한 대전이라 한들
꺾어진 꽃이 누구를 설렐 수 있으랴

세상에 이치가 그렇듯
꽃도 제자리에 있을 때
그 자태 그 향기가
마냥 신비롭고 아름답지 않던가

이미 생명을 잃고
순간을 지탱하는 꽃의 미소가
무엇을 감화시켜
그 마음을 흔들 수 있으랴

세상 모든 생물은 살아 있을 때
그 가치가 있는 법
이기의 그릇된 욕심에
함부로 생을 취하는 오류가 없기를

황무지에 핀 꽃도
비옥한 땅에 핀 꽃도
모든 생명은 제자리에 있을 때가
가장 아름답나니

정해진 몫

윤회하는 세상
억겁 세월에 변화를
어찌하리오

내리는 빗물도
강에 떨어지면 강물이 되고
바다에 떨어지면 바닷물이 되는 게
자연의 이치인 것을

세상에 어느 것 하나도
맘대로 확정할 수는 없는 우리는
그냥 그대로
순리에 따르면 좋으리라

보잘것없이 연약한
인간의 존재로
무엇을 어찌하리오

이미 각자의 삶 속엔
저마다 정해진 몫이 있나니
그냥 그대로
순리에 따르면 되리라

어떤 생각

우리의 삶에는
희로애락이 상존한다
세상사 뜻대로 안 될 때는
실컷 울기도 하고 실컷 웃어도 보자
삶은 변하지 않으나
외길만 있는 것도 아니다
선택은 언제나 자유로운 것이다

누군가는
운명에 불평하지만
그럴 필요도 없다

세상살이
다 같은 일이라 해도
생각에 따라서 달라지는 법
여유를 가지면
무언가를 얻게 되지만
조급히 굴면
무언가를 잃게 되나니

운명을 피할 수 없다면
환경에 순응하여 순리에 따르자
순응은 생을 편케 하려고
신이 가르쳐 주는 지름길이다

먹잇감

가끔은
형체도 없는 것에
눈이 쏠린다

빛과 어둠
낮과 밤
♂ 과 ♀
불과 물
생과 사

종일을 봐도
같을 수 없는
상반된 두 뜻글자

글의 늪에서
늘 서성이는 시인에게
날마다 파헤쳐질
먹잇감이다

무릎에 든 바람

나도 모르게
무릎에 바람이 들었나 보다

앉거나
설 때면

은근하게 신호를 보내오는
바람도 아닌 바람

세월이 갈수록
강성해진다 하더니

비가 내린다는 이 저녁은
더욱더 그 신호가 빠르다

시큰시큰 무릎에 들어와
기상대가 된 바람

이혼 법정

서로가 필연으로 만났다가
삶의 고비를 넘기지 못하고
운명이라 치부하며
영영 돌아서는 이혼 법정

마주 보는 눈길엔
모질고 차가운 불꽃이 튕긴다
잡았던 손을 놓고
법정에 문을 나서면
남보다 못한 남이 되겠지
보채는 삶을 다독이지 못한
애잔한 결별

사랑이란
시대에 따라 굴절되어
허망하게 부서지는 이기의 꿈인가
미움과 원망을 줄 세워 기다리는
싸늘한 이혼 법정

인생이란
홀로 왔다가 홀로 가는
운명을 타고났기 때문이라고
돌림 말처럼 자위하는 그들에게서
돌아서는 나를 본다

우중에 오일장

시골 오일장
장마당에 비가 내리면
오랜 이웃과 둘러앉아
무겁게 비틀대는 사념을 술잔에 담아
남루한 하루를 추켜올린다

누구에게도 건네지 못한 속내를
맘껏 드러내어
푸지게 투정하고 싶은 날
내가 취하면
세상도 따라서 취하니
이 얼마나 다행한 일인가

거나해지는 술기운에
숨겨진 세상 얘기들을 속속 캐내어
멋대로 찧고 까부르고 나면
한결 후련해지는 세상사

온종일
광인의 오줌 줄기같이
비는 내리는데
뜸한 인파에 숨었던 넋두리는
오지랖에 넘쳐난다

귀갓길(동민 나들이)

남해를 떠난 차량이
귀향을 서둘러 전조등을 켜지만
흥건히 취한 사람들이 점령한 차 안은
음표도 모를 곡조가 커지고
황홀경에 빠져든다

흥은 어디서 오는 걸까
고희의 나이에도 지칠 줄 모르는
그 정열이 뜨겁기만 하다
버스도 흥이 났는지
어둠에 덮인 노변을 빠르게 달리어
경부고속도로 긴 황색 선을
제비처럼 날았다

이장님은 목이 터져라 소리치고
반장님의 목소리는 기어들고
노래를 부르는 남자 춤을 추는 여자
차 안을 흔드는 불빛 아래
마지못해 끌려 나온 멋쟁이 동년배가
마이크를 잡고 리듬을 탄다

자정이 되어서야
파김치가 되어 돌아온 고향 마을
한껏 흥청대던 사람들은
작별 인사도 하는 둥 마는 둥
가로등 불빛 아래
무거운 그림자를 남기고
제각기 보금자리를 향해 흩어졌다

꼰대

어제 일은 아쉽다고 말하고
오늘 일은 모르쇠로 말하는
그렇게 허울 좋은 새 시대에 변명은
이제 믿지 않기로 했다

뒤에서야
잘할 걸 했는데 등등
변명을 옹호하다 버려지는
핑계에 불과한 공염불인 단어들은
믿지 않기로 했다

뜻이란
때를 넘겨서는 안 되는 일
오로지 지금만을 주장하는
내 실용론에 편이 될 사람은 없겠지

"인간은 미완성"이라 하더니
늦도록 철들지 못하고
욕심만을 밀고 당기는 일이
언젠가는 한번 꼭 돌려받아야 할
제 일인 줄을 모른다

고희에 닿아서도 96세의 엄니를 모시고
세상 이치를 논하며
오지랖에 몸 비비는 나는
아직도 신세대를 따라잡지 못하고
옛날을 고집하는 꼰대다

보물찾기

그저 벽일 뿐인데
내겐 아무것도 되지 않는
벽일 뿐인데

어떤 시인은
그 벽에다
세월을 넣기도 하고

어떤 시인은
그 벽에서
세월을 꺼내기도 한다

아무리 탐닉해도
막혀 버린 벽
난 뭘 찾을 수 있을까

벽 앞에서
벽이 되어
나는 내게 묻는다

밀렵

번들거리는 눈빛에
사색死色이 짙은 총구를 숨기고
개천에 숨어든 밀렵꾼
야수의 근성으로 방아쇠를 당기면
한밤의 침묵이 깨진다

영문도 모르던 오리는
캄캄한 장막에 운명을 던지고
밀렵꾼의 제물이 되지만
다시 아침이면
밤새 아무 일도 없었다는 듯이
하나로 어우러지는 세상

자연의 논리에 따라
약육강식하는 법칙이라지만
윤리를 벗어난 이 섬뜩한 밀렵에
동조할 이 또 있으랴
밀렵이란
비정한 냄새를 뿜아내
자연의 질서를 허무는 일이나니

뜬 장

세상이 다 들어 있는
요술 상자 안
얼핏 보면 파랑과 빨강뿐인 공간이지만
화살표를 따라
숫자가 춤을 추는 순간마다
삶의 희비가 엇갈리는
치열하고 아슬아슬한 전쟁터이다

박식하다는 분석가도
운 좋기로 소문난 김 사장도
신경을 곤두세우며 숨을 죽이고 지켜보는
단타의 시간
한번은 그 틈새로 들어가
운 좋게 로체 한 대를 굴려 내왔던 그곳은
아직도 긴장이 연속되는
머니의 전쟁터이다

거긴 피도 눈물도 없는 사람들이
순간마다 요행을 방생하는 희로애락의 진원지
지식도 재수도 설정은 없다
오로지 아슬아슬한 모험으로
삶을 담보하여 주사위를 던지는
행불의 광장일 뿐

인생을 요행에 맡긴 사람들이
푸른 화살이 하늘로 치솟기를 기대하며
야멸찬 동작으로
잽싸게 단타를 날리는

거울 속 사내

세면대에서 손을 닦다가
무심코 들여다본
거울 속에는
낯선 사내가 들어 있다

세월을 줄다리기하다가
일상의 나팔수가 되어
목청껏 세상을 외치는 모습같이
이마엔 깊은 주름을 달고
두 팔엔 지렁이 같은 힘줄이
툭 불거져 나온 사내

알게 모르게
삶을 새겨 온 그 모습이
매듭진 옹이를 닮았다

젊음이라고는 흔적도 없는
이 투명한 사실에
사내는 얼마나 놀랐는지
미심쩍게 연신 거울을 들여다본다
아무리 봐도
거울에 비친 사내는 부정하고픈 모습이다
지우고픈 모습이다

내일은
세월을 알아챌 수 없도록
다시 찾아가
화장실 거울을 뒤집어 걸어야겠다

도심의 일상

빽빽한 건물 숲을 누비며
부지런한 개미같이
사력을 다해도
기대에 차지 않는 고달픈 현실

그늘진 골목마다
휘황한 불빛이 켜지면
많은 사람들이
더러는 황홀 속으로
더러는 허황 속으로
안식을 접어놓고 길을 나선다

서로가 밀고 밀리는 행렬은
늘 부의 편에 기울어져
언제나 빈한 자들이
세상의 냉혹함을 실감케 되는

상실된 밤을 아우성치며 흔들리는
무지렁이 같은 꿈이여
자정을 건너는 황홀한 빛은
사람과 사람들 사이를 출렁이다
홀연히 강을 떠난다

요지경 삶을 다독이다
여명을 맞이하는 허술한 포장마차엔
곤고한 사람들이 모여
허기를 안주 삼아
씁쓸한 소주잔을 기울이고 있다

자음 모음

자음과 모음 그 합이
잘 어우러진 글밭에 앉으면
때로는 콧등이 시큰하고 눈시울이 붉어져
마치 마법에라도 걸린 듯
취해 버린다

짧은 글 속에는
누군가 애가 닳도록 몸부림하며
지나간 흔적도 있고
발길이 닿지 않아
신천지와 같은 미지도 있나니
글은 흥미진진한 마법과도 같다

우리가 영원히 키워 갈 자음과 모음은
첫소리* 19자
가운뎃소리** 21자
끝소리*** 27자
조합 가능한 16,989개를 살피며
완성될 1,625,640개

그 새로운 문자의 선택을 위해
우리는 지금 모두가 공감할 수 있는
한 줄의 언어를 낚으려
파도치는 글 이랑에 앉아서
찌를 던진다

* 첫소리: 초성.
ㄱ ㄲ ㄴ ㄷ ㄸ ㄹ ㅁ ㅂ ㅃ ㅅ ㅆ ㅇ ㅈ ㅉ ㅊ ㅋ ㅌ ㅍ ㅎ. 19자.

** 가운뎃소리: 중성.
ㅏ ㅐ ㅑ ㅒ ㅓ ㅔ ㅕ ㅖ ㅗ ㅘ ㅙ ㅚ ㅛ ㅜ ㅝ ㅞ ㅟ ㅠ ㅡ ㅢ ㅣ. 21자.

*** 끝소리: 종성.
ㄱ ㄲ ㄳ ㄴ ㄵ ㄶ ㄷ ㄹ ㄺ ㄻ ㄼ ㄽ ㄾ ㄿ ㅀ ㅁ ㅂ ㅄ ㅅ ㅆ ㅇ ㅈ ㅊ ㅋ ㅌ ㅍ ㅎ. 27자.

제3부

눈을 감고서

눈을 감고서

한동안 어설피 매었던
삶의 고삐를 당기며 눈을 감는다
집착과 관습이 결빙된
한 시대의 허물을 책하며
상상의 요람으로 치닫는 시대

처음으로 보고
처음으로 느끼고
날 끝에 날을 세워 가는
모두가 처음뿐인 경이로운 세상

새로운 세상이
요지경에 덮이는 모습을 보면서
가슴이 터질 듯이 우러나는
붉은 멀미를 참으려
한동안 눈을 감아도 본다

유한한 삶이야 결국
어차피 한 줌 흙으로 돌아가는 것을
한 줌 재로 변하는 것을
황혼인 내가
거칠 것이 또 있으랴

한 무리의 제의가
망국의 초대장이 아니기를 바라며
상식을 역행하는 그들의
번지르르한 소리를 가로젓다가
나를 깨우려 눈을 감는다

어디든 나서고 싶다

하늘 아래 아름다운 강토
네가 갈 수 있는 곳이라면
어디든 가서
자연이 되고 싶다

인생은 어차피
구름처럼 떠돌다 가는 것
생의 끝자락에서 황혼이 되어도
새로운 곳이라면 어디든
발이 닳도록 나서고 싶다

모래바람뿐인
끝없이 삭막한 사막이라 해도
어둠과 차가움뿐인
지독한 툰드라의 지층이라 해도
그곳이 갈 수 있는 곳이라면
어디든지 나서고 싶다

그를 찾아가
나를 완성할 수 있다면
물이 되고 바람이 돼도 좋으리
나 그렇게 어디든 나서고 싶다

봄이 오면

봄이 오면
우리 가슴에 꽃씨를 심어
얼었던 대지를
녹여 보기로 해요

흙냄새 풍기는
그런 옷으로 갈아입고
흔들리는 세상
울퉁불퉁한 이랑과 두둑에
정을 심으며

궂은 날이나
갠 날이나
변함없는 소망으로
삶을 노래하며

언젠가는
하늘과 바다와 산과 강이
하나로 어우러져
세상을 자랑할 수 있도록

봄이 오면
우리 꽃씨를 심기로 해요

그림자를 세우다

세상에 매달려
삶에 껍질을 벗기고
또 벗겨 내도 늘
양파 껍질 같은 일상사

연속된 걸음은
생의 중턱을 넘었건만
길게 늘어진 욕심을 몸에 감고
제자리를 돌아가는
허망의 세월

한 걸음을 나서면
두 걸음만큼 멀어지는 것이
세월의 이치임을 알면서도
여전히 지난날을 고집하며
편도의 그림자에
끌려가는 나

오늘은 거기 들어가
높은 각을 모두 불러내
무섭게 기운
그림자를 떠받쳐야지

색안경

어린 시절엔 몰랐지요
안경을 써야
세상이 보인다는 걸

세상이란
파란 안경을 쓰고 보면
파랗게 보이고
검은 안경을 쓰고 보면
검게 보인다는 것을

그런 곳이
세상이라는 것을
육십을 넘긴
이제야 겨우 알아 갑니다

믿음으로 흘러온 세월
안경에 따라서
달라지는 참으로 편리한 것이
세상인 것을 어쩌다
이 편리한 이치를 거슬러 왔는지

하지만 내일도
나는 변하지 않을 겁니다
세상이 같은 색이 아니라고
투덜대지도 않을 겁니다
내 안경을 써야
내 세상이 보이니까요

유년 돌아보기

눈을 감으면
언제나 눈 속에 들어와
별처럼 빛나는 유년

아직도 그 유년은
가까운 거리에서 반짝이지만
보릿고개에 걸터앉아 허덕이던
그 시절의 기억은
반세기를 넘어서도
꼬르륵 이는 배를 만지게 합니다

개구리를 잡아먹고
독새 풀씨로 죽을 쑤어
근근이 끼니를 때워야 했던 시달림들

한때 그 초라한 기억이
지금은 풍성한
삶을 위안하는 다리가 되기도 하고
간간이 세상을 때리는
질긴 채찍이 되기도 합니다
유년의 기억은 늘
내 안에 키우는 빛나는 보석이지요

들어도 믿을 수 없고
생각조차도 싫은 그 유년
오직 경험한 사람만이 알 수 있는
6 · 25가 만들어 낸
그 혹독한 유년은
50년대를 증표하는 산물입니다

앞서간 친구

좋은 세상 만들려면
살찐 욕심 떼어 내고
빈손으로 살자더니
말의 여운이 가시기도 전에
다시는 못 올 곳으로 떠난
몹쓸 친구여

아직도 남겨진
이승의 세월은 빼곡한데
어찌 다 버리고 다시는
못 올 길을 택하여 떠나갔는가
날마다 술잔을 나누며
삶을 위로했던 친구여

오늘도 그대가 남긴 말들이
눈물이 되고 콧물이 되어
나를 울리게 될 줄은 몰랐네
앞선 이의 슬픔이
뒷사람의 눈물일 줄은 몰랐네

아
홀연히 앞서서 떠나간
나의 친구여

그대를 만나러 가는 길

스산해진 가을이
이별을 노래하는 계곡에
또 한 해만큼 흐려지는 기억이
그리움을 들고서
나 그대를 만나러 갑니다

몇 번인가
가슴을 물들이던
서러운 가을을 밟으며
마음속에 박힌 이정표를 따라서
그리움 남기고 가 버린
나 그대를 만나러 갑니다

오르막길 숨이 차면
밀어 달라
바람에 부탁도 하면서
내리막이 가파르면
잡아 달라
칡넝쿨에 손도 내밀면서

사시사철
물소리 새소리 그치지 않는
아늑한 산기슭
그대 먼저가 쉬고 있는
그곳으로

자국마다 넘치는 눈물에
못난 기억을 씻기며
이별이 남긴 기억의 징검다리를 따라
나 그대를 만나러 갑니다

내일은

지난날보다 돌아올 날이
더 힘들어질지라도
나 그날을
그대와 기쁘게 동행하리라

생의 숙명으로 이어지는
순리에 순응하여
내 안에서만 흘린 부족을
더 깊고 넓게 살피리라

오늘은 어제보다
더 많이 감사하는 마음으로
내일은 오늘보다
더 많이 고마워하는 마음으로

빈 들에 기울어진
허수아비 같은 나를 일으켜
눈에 들보를 내치고
그대와 동행이 되리라

내일은

엄마의 아침

딱히
갈 곳은 아닌데
아침마다
서둘러 조반을 챙기고
흩어진 매무새를 챙기는 일은
앙상한 발에
긴 구두칼을 넉넉히 돌라대어
신을 신겨 드리고
밀차를 대령하는 일은
백세를 눈앞에 두고도
불편한 몸을 이끌고
요양원으로 나서시는 그 뜻은
오로지 자식을 위한
어머님의 내리사랑 때문입니다
오늘도
한 걸음을 버거워하시는 어머니가
시작하는 아침
눈에는 보이지 않고
손으로는 만질 수 없는
노모의 끈끈한 사랑 그 짙은 내음이
마냥 가슴을 울립니다

하루

하루를 쪼개어 본다
시간으론 24시간
분으로는 1,440분
똑딱이는 초로는 86,400초

누구는 이 하루가 짧다고 하고
누구는 이 하루가 길다고 했다

그렇다
똑같이 주어진 시간도
사람에 따라 달라져 나뉘는 법이다
언제고
자신만의 잣대로 대면
틀릴 수 있다

우리는
주어진 시간을 염려하기 전에
수시로 변하는
그 생각을 고치면 된다
서로를 위하여

외로움

화려한 유혹이
유년의 곁에서 궁리하더니
그때 그 동무들 모두 떠나고
빈자리 허전하여라

날마다 눈감아 그려도
물무늬같이 파문 치는 허망한 세월
이 길에 또 뉘 있어
외로움을 함께하려나

코앞을 스치는 성급한 마음이
삶에 고삐를 죄며
낯설게 채찍을 휘둘러도
이젠 노을 속에 노을이 되어
나아갈 수 없는 일상들

행여나
눈을 감아도
다시는 가슴으로 돌아오지 않을
요원한 기다림인 것을
외로움인 것을

후배의 영정 앞에서

생에 자취를 짙게 남기고
먼저 삶을 마감한
후배의 영정 앞에서 나는
우리의 영역 밖 어쩔 수 없는 것에 대하여
서러워 이 눈물을 쏟는다

하루가 여삼추였을 삶을 붙들고
얼마나 고민하고
얼마나 아파하며
얼마나 외롭게 투병해 왔을 텐가

뜻대로 안 되는 세상인 것을
왜 진즉 우리의 행복이
이승에 있음을 몰랐을까
늘 뒤에서야 회한에 눈물짓는
우리네 인생

웃음만큼
울음을 안겨 준 사람이여
이제 천국에서 편히 영면하소서
바라보는 눈길마다
넘치는 슬픔이 흥건하외다

2010. 08. 25.
후배 L을 보내며

숙직실에서

요란한 모터 소리가
기계실 밖으로 흘러나오는 자정
간간이 내리는 눈발이 창가에 쌓이고
고단한 밤은 깊어만 가는데

알맞게 상승한 숙직실 온기는
몸을 단련시키듯
제 방식대로
몸을 모니터 앞으로 끌어당긴다
잠시만 눈을 팔아도
회로 속 미세한 기기들이
섬광을 번쩍거리며
날카롭게 소리를 질러 대는 일터

통제실 귀퉁이엔
어둠을 밝히는 형광등이
먼지가 쌓인 거미줄을 몸에 감고서
밤을 흔들고 있다
시간은 점차
새벽으로 가는데

나의 우울증

평범한 삶이
심상치 않게 느껴질 때는
한 박자 물러서서
그 자리를 만져 봅니다

고단한 세월이
양날을 단 부메랑이 되어
목전에 날아와
일상을 휩쓰는 건 아닌지

원인도 모를 고통이
들불처럼 내게 번지면
손쓸 재간도 없는
이생의 이 늪

이 외길에서는
가장 유일한 치유가
나만의 기도뿐이라는 걸
확신으로 배워 갑니다

합덕에 사는 이유

청운의 꿈을 찾아
고향을 떠났던 동무들이여
지금은 어디서
어떻게 살고 있는지

지금은 우리* 어디에 선다 해도
기울어지는 세월인 것을
그대 고향이 그립기도 하련만
이제 걸음을 멈추고
남대천으로 회귀하는 연어 떼처럼
고향으로 돌아오라
여기 합덕으로

지난 세월
서로의 삶이 변했다 해도
우리 함께하면 행복하리니
남은 세월 숨겨진 그리움이야
서로의 가슴에서
지울 수 있지 않겠는가

나 여기 살고 있음은
다시 고향으로 돌아온다던
그 약속 때문이거니
보고픈 깨복장이 친구여 돌아오라
돌아오라 유년이 놀던 이곳으로
여기 정든 땅 합덕으로

* 우리: 1952년생들.

삶의 뒤안길

누군가는 말했지
젊음의 고개를 넘어서면
모든 것이
변해 갈 거라고

어느덧 세월의 나이만큼
마음은 늙고
육은 쇠하고
바른길도 절름거려야 한다

쏟아지는 눈총을 피하면
입술을 삐죽이며
남에 탓으로만 몰아가는 사회
조심스럽게 호흡하며
그 하루에 우듬지를 다듬어 간다

한때 뜨겁던 의지는
불모지에 꽃처럼 시들어 가고
심란한 마음엔
알 수 없는 부호가 어우러져
그림자로 눕는다

같은 하루를 나란히 나서도
뒤처지는 시간들
백발을 쓰고서야
삶의 길이 편도임을 느끼네

일기(첫눈)

2012년 12월
첫 주일 아침

사박사박
첫눈이 내리고

이웃 마을에
예배당 종소리가

빈 들로 나와
먼 길을 가잔다

깊어진
겨울만큼이나

황량해진
소들의 정경들

갈 길은
아득히 먼데

나를 끌며
길을 지우는 첫눈

귀가의 이유(2007년)

가야 합니다
하던 일을 거두절미하고서라도
가야 합니다
그곳에는 자아에 지친 사람이 있기에
꼭 가야 합니다

바르게 눈을 뜨고도
세상을 부정하게 보는
눈을 가진 그

언제나 벼랑에 선 듯이
희망이 닫힌 시간을 매만지는 손끝에는
늘 불안이 싹트고 있기에
달려가 문고리를 잡는 순간까지도
가슴은 철렁합니다

동행하던 길에서
사랑을 키우던 가슴에서
이제 옛 모습은 찾을 수 없지만
그 사랑을 감싸려면
내 기억이 더 흐려지기 전에
가야 합니다

고마운 일상
그 전부를 거두절미하고서라도
꼭 가야만 합니다
그는 목숨보다 소중한 인연이며
내 운명이기 때문입니다

뒤에서야 알아 가는

둥글게
매듭지는 세월
한번 가면
돌이킬 수 없는데

세월은
쏜살같이 흘러
어느덧 종착역을
두드리네

다시는
돌이킬 수 없는
산처럼
키워진 그림자

온 만큼
돌아보니
몸도 맘도 시들어
황혼이라네

뒤에서야 알아 가는
인생의 이 길

겨울밤의 기억

바람 불고 눈이 오는 겨울밤이면
창 넘어 들려오던 떡장수 소리
맹감떡 사려
찹쌀떡 사려
좁은 골목마다 정겨운 그 소리가 울렸지

토담집 문풍지가 울면
등잔불 아래 머리를 맞댄 아이들이
화롯가에 둘러앉아
외할머니가 들려주시던
구수한 옛 얘기에 끌리어 가고
토담 밖 떡장수 소리는
눈밭을 구르는 눈덩이처럼 커졌지

내 유년을 키워 주신 외할머니
쪽에 꽂았던 바늘을 뽑아 등잔불을 돋우시고
간신히 굽은 등을 곧추세워
시렁*을 향해 일어서시면
아이들의 초롱초롱한 눈길은 모두가
할미의 손끝을 따라가고 있었지

시렁에는 맛난 고구마와
두루뭉술하게 뭉쳐진 수수엿과 콩떡들이
채반에 보물처럼 담겨 있었기에
50년대 시골집 시렁과 벽장**은
외할미의 보물창고였지

돌아보면 볼수록 동화 같았던 그리운 영상들
눈 내리는 겨울밤이면
오래전 별나라로 가신 외할미가
그리워집니다

* 시렁: 방이나 마루의 벽과 벽 사이에 두 개의 나무를 가로로 걸쳐 물건을 얹기 위해 만들어 놓은 것.

** 벽장: 부엌과 붙은 벽을 뚫어 작은 미닫이나 여닫이문을 내고 그 안에 물건을 둘 수 있게 만든 곳.

외손을 얻다

2009년
꽃피던 춘삼월에
사랑의 드레스 눈부시더니
눈꽃이 피던 1월 밤
간헐적이던 딸의 절규는
생명을 낳는 기쁜 소리였어라

눈 덮인 경인년 아침에
새 생명을 잉태하니
용맹한 백호가 포효하는
외손(성빈)의 첫울음이었구나

너는 미래의 주인
기쁨에 갈채를 보낸다
성빈아 세상을 잠재울 수 있는 것은
오로지 사랑이란다
네게 어떤 삶이 올지라도 잊지 말아라
만인이 합창하는 사랑을

밤의 장막을 찢던 너에 그 절규가
내겐 더없는 기쁨이었지

우리를 한순간에 할배와 할미로 변화시킨
경인년 겨울(정월 초나흘)밤
간헐적이던 그 소리

2010년 1월 4일 23시 27분
(우성빈) 외손자를 얻다

장가가는 아들에게

주례 앞에 선 두 사람
얼마나 손꼽던 순간이더냐
이제 그 어떤 굴레에 매이지 말고
맘껏 날아 보아라
푸른 하늘을 훨훨 날아 보아라

민들레 꽃씨같이 꿈을 향해 날다가
알맞은 옥토에 다다르거든
거기 네 안의 이상을
눈부시도록 심어 보아라

나는 이제
너를 바라볼 수밖에 없지만
네 푸른 꿈이 익을 때까지
아름다운 항해를 축원하며 기도할 테니

둥지를 떠난 새처럼
너만의 세상을 훨훨 날아 보아라
맘껏 날아 보아라, 아들아
꿈이 펼쳐질 저 하늘 넓은 곳으로
멋대로 훨훨

제4부

그리움의 환절기

그림자

해가 갈수록
삶이 여위어 가는
여정의 시간

생이 저무는
황혼의
언덕에서

자주 가슴에 닿아
인연이 된
수많은 그림자

처음처럼
빗질을 원하며
내 그림자를 맡긴다

안개

차에 전조등을 켜고
와이퍼를 돌려대도
안개는 미동이 없다

밀물처럼 몰려와
하얗게 아침 길을 막아선
얄미운 물의 미립자들

그들이 언제부터
내 하루를
이토록 걱정하였나

결혼 35주년
여행을 시샘하는 안개와
겨루는 아침이다

그리움의 환절기

마을 앞
정자나무 그늘에까지
불볕더위가 밀려오는
7월의 하오

목청껏 소들을 흔들던 매미가
더위에 지치고 나면
출처 모를 귀뚜라미 그 낭랑한 소리가
저녁 그림자를 타고
방 안으로 들어선다

삼복을 걸치고
위용을 뽐내려는 걸까
해가 없는 밤에도
식지 않는 열대야

달빛 내린 개천에
밤을 즐기던 풀벌레들도
안식을 베고
꿈으로 가는 시간

푸르게 타는 여름밤을
한 움큼 떼어 내 일기장에 옮기면
유성은 그제야
긴 획으로 마침표를 찍는다

길 잃은 철새

길을 잃은 철새 한 마리
사철에 안겨 살면서도
가는 겨울을 몰랐는지

제자리를 맴돌다가
봄기운이 감도는 전깃줄에 앉아서
떠날 줄을 모른다

오가는 사람들이
생의 질책인 양 혀를 차는
눈초리 따위는
안중에도 없는 듯

때를 잊은 철새 한 마리
전깃줄에 태연히 앉아서
주린 배가 더 급한지 먹이만을
힐끔거린다

어찌하나
봄바람이 잔설을 녹이며
다가서고 있는데
미아가 된 줄 모르는 철새 한 마리

나그네 여정

내 나라
팔도 금수강산
자연의 아름다움을 찾아서
길을 나선다

갯벌을 보석처럼 품고 있는
서해를 지나고
섬들을 보석처럼 품고 있는
청정 남해를 거쳐
푸른 파도가 가슴을 터 주는
동해안까지

정겹고 둥근 길
몇 박 며칠이면 어떠냐
가슴 설레며
달뜬 걸음으로
삼천리강산에 체취를 심는다

만나는 지역마다
감탄이 있고 설렘이 있는 길
하루 세끼 허기조차 잊게 하는 금수강산
이어지는 풍경을 따라
다시 여정의 페달을 밟는다

두려운 존재

갈대 늪을 누비며
주린 배를 채우던 청둥오리가
인기척에 놀라 허둥지둥
하늘로 날아오른다

황급히 날아가는 저 오리 떼
지난날에 한 번쯤
인간에게 호되게 당한 적이
있었던 걸까

가만가만 걸어도
갈내숲에 놀던 청둥오리는
인기척에 놀라서
꽁지가 빠지도록 날아오른다

벌건 대낮인데도 오리에겐
다가서는 인간들이
포수의 총구보다도 더 두렵고
무서운 존재였나 보다

지우지 못한 추억

지난밤 꿈이야
잠을 깨면 말끔히 지워지지만
유년의 추억은
내게서 지워지지 않네요

가슴에 새겨진 추억이라서인지
시간이 쌓이면 쌓일수록
멀리하면 멀리할수록
더 선명한 영상으로 떠오르네요

가끔 세월의 뒤안길을 따라
돌아오는 추억은
삶을 뒤적이다 말없이 흘러가는
눈물이 되기도 하지요

저마다의 가슴에
간직한 그리움에 잔상들
언젠가는 모두 지워질지라도
그러나 아직은 빛나는 추억입니다

구제역

저물어 가던
기축년의 막바지 11월 29일
갑자기 구제역이란 놈이 안동으로 뛰어들더니
2011년 경인년의 아침은
강추위와 더불어 방방곡곡 종횡무진
무서운 속도로
구제역과 AI가 번졌다

발칵 뒤집힌 나라 안
가금류나 두 쪽의 굽을 가진 동물이라면
예외 없이
두려움에 떨어야 하는 구제역과 AI(조류 인플루엔자)
어제는 돈 2천 두를 생매장했고
오늘은 어제보다
훨씬 많은 숫자를 매장해야 한다

내일은 얼마나 더 많은 숫자를 생매장해야 할까
끝이 없는 걱정의 연속이다
굴착기가 굉음을 내는 현장에서
버둥거리다 생매장되는 가축들!
그 잔상이 가슴에 남아

우리를 아프게 한다

1월 22일 오늘까지
6도 52개 시 · 군 4316 농가에 매몰 가축 수는
조류 3,572,187마리와
가축 1,986,987마리에 이르렀다
더구나 서울엔 10년
부산엔 97년 만에 찾아왔다는 강추위에
밤낮을 지새우던 방역기구들이 꽁꽁 얼어붙었다
자연의 거대한 힘 앞에선
무기력할 수밖에 없는
인간의 한계가 안타깝다

밤낮없이 전국을 강타하는 구제역과 AI에
관계자들은 지칠 대로 지쳐 가는데
간밤엔 국내 최대 가축단지인 홍성에까지 AI가 번졌다 한다
얼마나 더 많은 가축이 희생되어야
이 구제역이 끝이 날는지
피할 수 없는 엄청난 재앙이
벌써 50여 일 밤낮을 휩쓸고 있지만
구제역과 AI의 이 아픈 경계에서 벗어나
평범한 일상을 되찾기까지는
아직도 멀어만 보인다

무형의 꿈

어제를 건너온 시간이
코앞을 서성이다
내일을 향하여 지쳐 간다

정해진 운명을 메고
우마처럼 걸어온 길
지천명을 넘었건만 어쩌자고
"세상은 넓고 할 일은 많다" 하던
한 기업가의 말에 혹하여
이미 온 곳에서
더 가야 할 곳을 바라보는지

허욕을 뿌리치며
포개진 일상을 헤쳐 보지만
때가 된 육신은
더는 전진할 수 없노라고
보이는 시작마다 고개를 흔들며
연신 마침표를 붙인다

삶이란 무엇인가
여전히 나는
멈춰진 한계에서
무형의 꿈을 헤매고 있네

아파트의 단면

시대의 흐름 속에
우후죽순처럼 마구 솟아나서
고향을 잠식한 불청객
모두가 닮은꼴이지만 날이 갈수록
달리 존재를 뽐낸다

마치 벌집과도 같은
형태의 아파트
언뜻 보면
우람한 덩치가 멋스럽지만
가까이 들여다보면
얽히고설킨 삶은 제각각이다

세월이 갈수록
더 많은 사람이 찾고 있으나
그들의 관계는
갈수록 더욱 묘연해진다

불쑥 찾아와
내 유년에 둥지를 앗아간 아파트
세월이 흐를지라도
차갑고 높은 그 아파트의 행간에
인정이 넘쳤으면 좋겠다
사촌보다 가까운 이웃이었으면 좋겠다

초막을 짓다

술잔을 비우며
밤마다 짓던 초막집
자고 나면 어둠이 다 쓸어 가지만
자취도 없는
빈자리에 홀로 남아
또 한 채를 짓는다

앞뜰엔 나지막이
싸리 담장 대강 둘러치고
뒤뜰엔 동그마니
장독대 하나 얹어 놓고
들어와 살 사람은
나와 내 그림자뿐이니
크게 짓지는 말자

혹여
힘든 세상 헤매다가
거나하게 취한 친구들이 오거들랑
편안히 딛고 오를 수 있게
단칸집 토방에
오도카니 댓돌이나 하나 있는

오늘 밤은
취한 가슴 한편에
친구들과 함께 쉴 수 있는
초막이나 지으련다

보행 길의 사계

연호지의 부흥군 길
제방 길은 고작해야 십여 리지만
천년을 품에 안고 숨어 있는 곳
나는 오늘도 그 길을 걷는다

봄이면 오래된 벚나무가
터널을 만들고
여름이면 수백만의 백련들이 학을 불러
마음을 달래 주는 길

옛 백제의 견훤이란 장수가
팔천 필의 병마를 키웠던 곳에
육천 둔병의 넋들이 수련으로 피어나
천년의 역사를 말해 주는 곳

갈이면 소들은 황금빛으로 변하여
내 가슴을 술렁이게 하고
겨울이면 다시 은빛 평원이 되어
철새들의 낙원이 되기도 한다

내 보행 길의 사계는
천년의 역사가 잠들어 있는 곳
언제 어디서나 늘
모두에게 자랑하고픈 곳이다

푸념

한낮의 더위를 피하여
밤의 그늘로 들어서면
안식이 자리 잡은 시간의 틈새로
끝없이 일어서는 상념들

습관처럼
기울어진 현실의 깊이를 재며
무지렁이로 살아 낸 행복을 위안하다가도
흘러 다니는 요즘 뉴스를 보면
실의에 동승하여
그릇된 말을 펀드는

오늘도
어제의 일상을 쥔 손에는
쉬이 걸러지지 않는
곤한 삶의 찌꺼기뿐인데
세상을 허울 좋게 떠도는 유혹이
코앞에 가까이 와서는
나를 자문케 한다

꼿꼿한 자세로 곧게 걸어도
현실의 무게를 지탱치 못하는
가련한 시대
사상누각처럼 허물어지는
그런 세상이 아니었으면 좋겠다

산과 나

나는
산이 되어 산다

들려다오
언제나 진실된 너의 소리를
하늘이 닿도록 크게 울리다가
하늘색이 변하거들랑
내게 들어와
나를 변화시켜다오

너를 닮으려는 나에게
시퍼렇게 날선 뾰족한 신실로
내 무딘 감정을 마구 찔러 주려무나
네 혈맥처럼 감춰진 내 뜨거움이
속속들이 흘러나와
세상에 도움이 된다면

오래도록
선조의 가르침을 믿으며
섬겨 온 세월이
이제 낯선 세상에 가리어
한 번도 경험하지 못한 나라가 되네

임들은 모두 어디로 갔을까
숨은 이들이여 나오라
의를 들고 나오라
그리하여 아름다운 삼천리강산을
함께 소리하게 하여라

나는
신이 되어 산다

황당한 꿈

세상을 가다가
생에 지쳐 넘어지는 일은
뉘에게나 흔히 있는 일이지요
툭툭 털고 일어나 봐요

모두가 힘들어하는 세상도
나만의 발상으로
쉬운 셈법을 만들면
가는 길이 쉬워질 수 있나니

계란으로 바위를 치는 일
쇠귀에 경 읽는 일
갈수록 복잡한 세상일
따져서 된다면야
그 기쁨 더 말해 무엇 하겠소

사막에선 물을 줘고
강에서는 불을 줘고
목청껏 외쳐 보는 고희의 항거
캄캄한 세상에는
둥실 두둥실
황당한 꿈이 세상을 떠다닌다

가을 산야

발을 멈추니
눈길이 닿는 곳마다
가을이 익어 가는 산과 들이
온통 붉은빛이다

한 번 더
으스스 바람이 불고
차가운 밤이 지나고 나면
또 어디론가 가야 할 운명에
더 부산해지는 가을 산야

나는 오덜덜덜
밤새 비바람을 치르고 나온
숲의 나무들같이
윤회의 싸한 전율에 휩싸인다

바람은 여전히 머리를 흔들면서
숲을 향해 울어 대고

납작 엎드린 마을은
커다란 산그늘에 눌리어
하루에 마침표를 찍는다

작은 고을마다
피어나는 저녁연기

동백과 능소화

문간에 기대어
미를 뽐내던 능소화나
해변에 기대어
웃고 있는 동백이나
서로가 닮은 꽃

그들은
세월을 붙잡아 놓고
더 아름다워지기를 바라지도 않는다
누가 봐주기를 애원하지도 않는다
늘 화려한 모습이
그저 좋은 꽃

분수껏 살다가
때가 되면 가르침을 남기고
미련 없이 떨어지는
숙명조차 닮아 있는 꽃

송이째 떨어지는
나도 그런 꽃이고 싶다

쉴 수 없는 새

꽥 꽥 꽥 꽥 꽥 꽥
계절마다 먼 길을 찾아와
가슴으로 토해 내는
가창오리 철새 떼 울음소리

이미 온 길은 창창한데
찾아온 들녘엔
인간에 술수 가득하여 내려앉지 못하고
서녘을 되돌며 군무群舞하는
저 오리 떼의
근심 섞인 울음소리

지친 날개는 무거워지는데
해 저문 하늘엔
하늘길도 지워지는데
갈 곳 없는 저 울음소리 어이하리요

수만 리 멀다 않고
줄지어 날아든 가창오리 철새 떼
앉아서 쉴 수 없는 저 울음을
뉘 어이하리요

이동 독서실

(1)
내겐 독서실이 따로 없다
2년 전 언제고 방랑할 수 있는
캠핑카를 구했기 때문이다
어쩌다 짬이 나면
노트북을 싣고
산이나 강가에 가서 책을 펼친다
동행이 없어도
책 속에 수많은 동행이 있으니
다행인지 모른다
날이 저물어도
걱정이 없는 독서실
비가 오나 눈이 오나 바람이 불어도
차창 너머로 스치는 자연은
오히려 모두 내 거리가 된다
봄날이면 더욱 좋은

(2)
계절이 바뀌는 곳에서
길을 멈추면
때로는 차창 밖이

꽃피는 봄이기도 하고
바다가 출렁이는 여름이기도 하고
낙엽이 물든 가을이기도 하고
눈이 덮인 겨울이기도 하다

아직도 찾지 못한
답을 찾아
자연을 수행하는 사람처럼
사계를 돌고 돌면서
지치도록 글에 머무는 시간이 좋다

흐릿한 영감이
어렴풋이 파문을 일구다가
금방 지워지는 습작의 바구니는
빈 채로 가벼워도
언제 어디서나 글의 온기가 살아나는
이동 독서실이 좋다

오서산 산행

억새꽃 춤추는
오서산으로
손꼽던 산행을 나섰지요.

익어 가는 가을 숲에서
다람쥐 한 쌍 사랑도 보면서
바람에 날리는 낙엽 비도 맞으면서

신발 끈 졸라매고
차오르는 숨을 헐떡이며
이순에 만져 본 오서산의 살결

소문대로
790m의 술렁이는 오서산 꼭대기엔
억새들의 노래가 한창이었지요

볼수록 장엄하게 펼쳐진
내포의 자랑 오서산
억새들의 은빛 향기가 있는 곳

고을에 낮은 능선을 붙잡고
우람하게 우뚝 솟은 내포의 자랑 오서산
그날 나의 동행은 바람이었답니다

사천시 앞바다에서

비가 개고
하늘이 활짝 열린 사천시의
상쾌한 아침
선상에서 보는 사천시는
산을 기댄 조무朝霧가 반쯤 베물고 있었다

북으로는 높은 봉우리와 봉우리가
병풍같이 둘리었고
물빛에 산빛이 섞이어
더 깊어 보이는 남도의 아침 바다엔
그림같이 유람선이 떠 있다

7월의 한나절
소나기를 쏟아 낸 하늘이
옥빛 뭉게구름으로 궁궐을 만들고
섬과 섬 사이를 춤추며 나는 갈매기들
동무인 양 다가와 끼룩댄다

저마다 사천의 풍경이 되고
하얗게 튕기는 물보라가 되어
여행객들의 모습이
찰칵이는 셔터에 담기는 하루

오랫동안 손꼽았던 곳
천 리 길을 달려가
남해의 다리 밑을 지나고
섬과 섬 사이를 꿈인 듯 떠돌면서

시시각각 변하는
사천시의 그림 같은 풍경을 보노라니
잇달아 진한 감탄사를
미구 뿌리게 된다

날씨도 화창한 운 좋은 날에

호미곶 여행

조선 땅
동해의 끝자락에
토끼 꼬리를 닮은 호미곶
바다 같은 공원과
공원 같은 바다에는
지해地海의 기를 품은 두 손이 조각되어
우람하게 하늘을 받들고 서서
민족의 넋을 기리고 있다

호된 바람이
집채 같은 파도를 몰고 와
겨울밤을 난타하는 그 호미곶
반쯤 눈에 묻힌 방역기구들이
여기저기 마구 뒹구는 걸 보니
올해의 처절했던 AI와 구제역이
이곳마저
비껴가지 않은 모양이다

수십 년 만에 내렸다는
포항에 눈 더미는
노변마다 높다랗게 쌓이어
길과 길에 경계를 만들어 놓았다

세찬 해풍이
비릿한 냄새로 절여 가는 호미곶

하얀 등대와
빨간 등대가 대칭으로 서서
둔병같이 갈매기를 앞세워
내 나라 끝자락을 지키는 호미곶
호된 겨울이 사정없이 밀리던 토끼 꼬리 땅
그 정경이 그립다

2011. 01. 20. 木.

이상한 꿈

일찍 눕거나
늦게 눕거나
여전히 나는
이상한 꿈을 꿉니다

사실인 듯
허구인 듯
기가 약한 건지
때가 있는 건지

때로는 내가 아닌 듯이
헛소리로 중얼대는
환영이 꼭 현실 같은
점점 그렇게

알 수 없는
이상한 꿈을 꿉니다

유랑을 통한 구도求道의 모럴

– 나동수의 시집 『그림자』를 중심으로

신익선(문학평론가/문학박사)

1. 저녁을 부르는 몸, 몸이 부르는 저녁

나동수의 시집 『그림자』는 지상에서 맺은 인연들이 남기고 간 발자국들의 다양한 상념, 또는 허상에 관한 기록물이다. 시집의 초입부터 빈번하게 등장하는 시어는 '저녁'이다. '황혼'이라는 단어도 적지 않다. 이런 자기 고백적 시어들은 나동수 시인이 고희에 닿기 바로 직전임을 암시한다. 고희 직전에 이르러 반추해 보는 생의 다양한 파노라마가 이 시집 저변을 채우고 있다.

나동수는 특히 '저녁'에 주목한다. 저녁은 아침이 걸어온 아침 길의 종착역이다. 여명黎明으로 시작된 찬연한 아침 햇살이 사라지고 난 뒤에 어느새 황혼이 지고 어둠이 깔리는 시간대, 사람도 짐승도 둥지에 찾아들어 안식을 취하는 밤의 시작이다. 어둠이 유일하게 저녁과 밤으로 분리되는,

하루에서 단 한 번뿐인 유일한 시간이기도 하다. 이 시간대인 저녁에 유별나게 저녁을 부르는 몸이 있다.

늦은 저녁
어둠을 몸에 두르고
꿈으로 가는 열차에 오르면
밤하늘엔 별빛 연주가 시작되어
곤고한 일상을
솜사탕처럼 녹인다

또 하루
세상의 시녀로 살았던 허접한 가면도
버겁던 눈치도 다 벗어 놓고 나면
밤의 깊이만큼
평안함이 넘쳐나는 이 저녁

오늘은
세상에서 제일 편안한 자세로
별 밭에 누워
무한한 우주에 공허를 숭배하며
아무도 모르게
내 느린 걸음으로
이생에 저녁을 걸어 봐야지

–『저녁』 전문

그 몸은 바로 시적 화자를 빌려 표출하는 의미인 나동수 시인, 곧 자신의 몸이다. 삶의 시간대가 어느덧 황혼에 이르러 대면하는 나동수의 '저녁'은 위 시편, 「저녁」에서 보듯이 '어둠을 몸에 두르는' 일에서부터 시작된다. 어둠이 마치 외투이듯 '어둠을 몸에 두르고 / 꿈으로 가는 열차에 오르는' 이라 어둠을 쓴다. '하루'라는 시간이 지나면 반드시 찾아오는 '어둠'을 '꿈으로 가는 열차'를 타는 과정의 모습으로 표현한 것이 1연의 표정이다. 마치 하루 같은 순식간의 삶을 표현한 것이다.

2연에 들어서면 1연의 '저녁 어둠'은 '밤'으로 변신한다. '또 하루 / 세상의 시녀로 살았던 허접한 가면도 / 버겁던 눈치도 다 벗어 놓는' 시간대이다. 즉, 자아를 만나는 시간이다. 희끄무레하지만 시야로 사물에의 식별이 가능한 '저녁'이 아닌, 식별 불가능한 '어둠'은 그러나 세상을 살아오는 몸짓인 '가면과 눈치'를 벗어던지는 시간이기도 하다. 후련한 몸짓이 읽히는 대목이다. 쓸쓸하고 힘에 버겁던 '가면과 눈치'를 벗어 놓는 일은 어둠 속의 빛에 해당하는 자기 자신과 대면하는 순간이다.

그 순간은 시작이다. 자신과 만나는 일은 하루가 지나면서 맞이하는 새로운 하루의 시작이다. 하루라는 삶을 살아오면서 걸쳤던 얼굴을 내려놓고 만나는 자아의 세계 진입은 2연의 종행에 기술된 대로 '평안함'을 선물한다. 이때의 '평안'은 수정守靜을 이름한다. 고요함에 이르는 일이다. 고요히 앉아 마음속을 들여다보는 힘을 말한다.

이 수정의 핵심이 고요다. 마음이 고요하여야만 얻는 선물이다. 진정한 평안이란 마음의 상태를 말한다. 나동수의 평안은 수정에서 오는 일종의 희열이다. '밤의 깊이만큼 평안함이 넘쳐나는' 시간으로 전이된다. 3연은 그러한 결과의 기록이다. '오늘은 / 세상에서 제일 편안한 자세로 / 별 밭에 누워 / 무한한 우주에 공허를 숭배'하는 자세는 구도求道의 외형이다. '공허를 숭배'하는 일은 평생토록 욕심 모르고 살아온 나동수가 던지는 토템 신앙적 의미의 우주관이다.

공허, 아무것도 아닌 아무것도 없는 상태, 텅 빈 상태의 '공허'야말로 '숭배'의 대상 아닌가. 남을 게 없는, 남아 봐도 별 재미없는, '공허'의 세계를 숭배하면서 다시 '아무도 모르게 / 내 느린 걸음으로 / 이생에 저녁을 걸어'가는 일에의 다짐이야말로 나동수 신앙의 표상이다. 하루가 하루를 유랑하고 돌아와 저무는 시간대인 황혼과 저녁에 하는 명상은 하루가 살아온 하루의 명상이다. 이 명상이 동시에 나동수 시 창작의 근원이다. 이러한 일상을 기술한 것이 위 시편이다.

이렇듯 자아를 만나기 위하여, 그것도 참 자아를 만나 일궈 내고 싶은 완성을 위하여, 그리고 새로운 구상과 시도를 위하여, 하루의 손님인 '저녁'을 사모하는 것이다. 하루를 살아 내고 만나는 '저녁', 인생을 살아 내고 생의 후반부 어느 시점에서 만나는 '저녁', 즉시 밤을 맞이하게 되는 '저녁'

이 서로 연관되어 시어의 속살을 채워 나간다. 삶의 의미를 기록한 시편 「저녁」은 나동수의 이번 시집 『그림자』 전편의 성향을 알려 주면서 이 시집 전편을 대표하는 수작이라 할 수 있다.

……(상략)……

온갖 사념이
무녀처럼 춤을 추며
밀려왔다 밀려가는 이 하루

안식을 불러
어둠을 빛으로 바꾸며
평온한 하루를 마음껏 채색해 갑니다

아 나의 저녁이여

–「안식이 있는 저녁」 일부

훤칠하던 이마에
갈매기 같은 주름을 그려 놓고
날쌔게 달아난 세월은
그 누가 설정한 심술인가

볼수록 야윈 팔다리엔
마디마다 고된 삶이 배어 있고
활처럼 굽은 등엔
산만한 외로움이 쌓여 있네

돌아보지 말라며
쏜살처럼 스쳐 가는 세월에
늘 밀리고 치이다
헛방만을 자초하는 이생

그래도 그런데도
귀신에 홀린 사람처럼
둥지의 온기가 있는
이생의 이 저녁이 좋다

—「이생의 저녁」 전문

한편, 나동수에게 위 시편 「안식이 있는 저녁」은 '저녁'을 꿈꾸는 밤의 세레나데이다. 몸이 부르는 저녁에 대한 노래이다. 사변적이기는 하나 몸은 저녁을 부른다. '온갖 사념이 / 무녀처럼 춤을 추며'라는 구절로 보아 육체적인 것보다는 정신적인 것에 더 근접해 있다. 쉴 새 없이 무언가를 찾고 있다. 그렇다고 찾아지는 것도 아니다. 그러나 몸은 평안하지 않은가. 그리하여 '안식을 불러 / 어둠을 빛으로 바꾸는' 작업은 몸의 평안 속에서 계속 이어지는 저녁 찬가에 다름 아니다.

이뿐이 아니다. 가만히 살펴보면 '늘 밀리고 치이다 / 헛방만을 자초하는 이생'이 삶을 대변하는 삶의 대변자이자 나동수의 자기 고백서이다. 여기에 다투기 싫어하고, 치밀고 위로 올라서려 싸우기 싫어하는 나동수의 언행이 읽힌다. '헛방'이라 하였으니 의도하는 바가 이루어지지 않았음을 의미한다. 이것이 시인 나동수가 시인으로 존재하는 까닭이다. '늘'이라 하였으니 그것의 빈도가 여러 번이었다는 이야기가 함축되어 있다. 적나라하게 표현하면 삶의 수지타산은 별무소득이라는 것이다. 별무소득이 아니라 온통 적자라는 것이다. 보라, '이마에 주름살', '야윈 팔다리', '굽은 등'의 형상은 힘들고 어렵게 견뎌 온 생을 반추하는 표현이라 할 수 있지 않은가.

쉽지 않았던 지나간 날들의 생을 굽어보면서도 끝내 시적 화자는 '그래도 그런데도 / 귀신에 홀린 사람처럼 / 둥지의 온기가 있는 / 이생의 이 저녁이 좋다'고 주장한다. '둥지의 온기가 있는' 연유라 그렇다고 한다. 일종의 실속 없는 자위의 언어이다. 그러나 묘하게도 그렇게 생각하면 마음이 편해진다. 또한 시인 자신이 그렇다고 생각하거나 주장하면 이유를 따지지 않고 또 그런 것이다. 이 역시 '헛방'에 지나지 않는다. 허나 삶이란 냉정하게 따져보면 '헛방' 아닌 일이 무엇이라 단언할 수 있나? 이 '이생의 저녁'이 좋아서 저녁잠을 자고 아침에 깨어나 하루를 살기 시작하는 그 '이생'의 표정들, 나동수의 이생의 표정들, 표정이 남기는 이생은 그럼 어떠하다는 것인가.

2. 이생의 표정, 표정이 써 가는 이생

생에 자취를 짙게 남기고
먼저 삶을 마감한
후배의 영정 앞에서 나는
우리의 영역 밖 어쩔 수 없는 것에 대하여
서러워 이 눈물을 쏟는다

하루가 여삼추였을 삶을 붙들고
얼마나 고민하고
얼마나 아파하며
얼마나 외롭게 투병해 왔을 텐가
……(하략)……

―「후배의 영정 앞에서」 일부

……(상략)……
백세를 눈앞에 두고도
불편한 몸을 이끌고
요양원으로 나서시는 그 뜻은
오로지 자식을 위한
어머님의 내리사랑 때문입니다
오늘도
한 걸음을 버거워하시는 어머니가
시작하는 아침
눈에는 보이지 않고

손으로는 만질 수 없는
노모의 끈끈한 사랑 그 짙은 내음이
마냥 가슴을 울립니다

—「엄마의 아침」 일부

위에 예시한 첫 번째 시편은 죽음의 시문이다. 후배가 먼저 죽었다. '투병'이라는 단어로 보아 앓다가 죽은 것이다. 나동수 시인이 세상이라는 이생에서 만난 죽음은 후배에게만 오는 것은 아니다. 나동수 자신의 것이기도 하다. 그래서 나동수는 이 시집에서 이 시편 말고도 죽마고우의 죽음을 문상한 시편인 '좋은 세상 만들려면 / 살찐 욕심 떼어 내고 / 빈손으로 살자더니 / 말의 여운 가시기도 전에 / 다시는 못 올 곳으로 떠난 / 몹쓸 친구여'(「앞서간 친구」 일부)와 같은 시편을 남기고 있다.

「앞서간 친구」 시편에서 시적화자는 말하길 그 친구를 매일 만나서 매일 술을 먹었다고 한다. 매우 친한 친구가 죽은 것이다. 더군다나 죽은 그 친구는 '욕심' 없이 살자고 말하던 친구다. '욕심' 없기로야 나동수를 따라올 사람도 드물다. 시편 어디에서도 욕심을 표출한 구석은 없다. 그러나 좋은 친구의 죽음에 대하여 시인이 관여할 방법은 없다. 그냥 지켜보고 애달파할 뿐이다. 이생의 일이다.

또한 위 두 번째 시편인 「엄마의 아침」은 시인의 모친에 대한 담론이다. 시적 장치는 불필요하다. 울컥 튀어나오는 감정의 발로이기 때문이다. 감정은 경험에서 기인하는 정서의 촉매제이다. 경험을 통하여 감정은 여러 방향으로 불꽃을 일으키며 발화한다. 그 기점이 예측 불가능한 변화를 일으켜 눈물샘을 터트린다. 이것이 연세가 '백세'에 다다른 모친이 자식에게 짐이 되지 않으려고 아침마다 노친원, 혹은 양로원에 나가는 일상의 기록이다.

낳아 기르시고 가르쳐 주신 어머니가 늙고 노쇠해져서도 사랑하는 자식의 평안을 갈구하신다. 평생 살아온 정든 집을 떠나시면서까지 그러신다. 이것이 모든 어머니들이 걸어가는 눈물과 희생의 길이다. 시인은, 나동수는, 이에 대하여 이를 제지할 힘이 없다. 숙연하게 시 한 편을 쓰고는 그냥 지켜볼 뿐이다. 안타깝고 애달픈 일이다. 무궁무진한 어머니의 사랑 앞에 진심으로 고개를 숙이는 심정, 이 역시 이생의 일이다.

……(상략)……

부엉이 우는 자정에
적막을 지키던 나목 한그루
날마다 찢긴 바람을 한가득 안고
눈 내리는 밤을
혼자서 맞서고 있네

–「겨울 나목」 일부

「후배의 영정 앞에서」와 「엄마의 아침」이 사랑하는 사람과의 이별, 혹은 이별 연습에 관하여 쓴 사람과의 관계에 대한 시편이라면, 위 시편 「겨울 나목」은 자연현상을 보고 그를 의인화하여 쓴 시편이면서 '날마다 찢긴 바람을 한가득 안고 / 눈 내리는 밤을 / 혼자서 맞서고' 있는 '겨울 나목' 이야기가 실상은 고독한 인간군의 삶을 쓰고 있는 시편이다.

이외에도 '젊음이라고는 흔적도 없는 / 이 투명한 사실에 / 사내는 얼마나 놀랐는지 / 미심쩍게 연신 거울을 들여다본다.'(「거울 속 사내」 일부)라든가, '나도 모르게 / 무릎에 바람이 들었나 보다 // 앉거나 / 설 때면 // 은근하게 신호를 보내오는 / 바람도 아닌 바람'(「무릎에 든 바람」 일부), 그리고 '둥지가 깨질세라 / 오늘도 치열한 발버둥에 / 갈수록 지쳐가는 / 무게를 내린 일상의 끝에서야 / 무탈한 쉼표를 찍는 / 저녁 긴 그림자같이 애처로운 / 가장의 뒷모습'(「가장의 뒷모습」 일부) 등의 시편은 자기성찰의 아픔으로 일관하는 시편이다.

'거울' 속에서 만나는 이미 '젊음이라고는 흔적도 없이' 늙어 버린 모습, '무릎' 속에서 만나는 이미 깊어져 버린 무릎 통증, 한 가정의 가장으로 걸머진 멍에를 메고 멍에 터 두꺼운 목 언저리 매만지며 가족 한 사람 한 사람을 챙기고 섬겨 가면서, 육신을 늙고 병들게 하면서도 묵묵히 감내하는 가장의 고뇌와 아픔, 그리고 침묵을 유지하면서 살아가는 모습이 담겨 있다.

특히 가장의 고뇌를 그린 「가장의 뒷모습」은 공감대를 형

성하고 있는 작품이다. 가장의 일생은 백발이 성성하도록 가족들을 섬기고 모셔 가는 일이다. 그뿐만 아니다. 일문의 가장이란 온갖 상처를 입으면서 가족들에게 자신의 젊음과 정열, 정성과 애정을 퍼주고 또 주다가 고요히 사라지는 사람 아니고 누구인가.

위 시편들이 모두 저녁잠에서 깨어나 겪게 되는 이생의 표정들이라면 다음 시편 「붉은 말뚝」은 작금에 벌어지고 있는 좌우의 진영의 광적인 다툼을 짚고 있는 작품이다. 인간 본연의 아름다운 삶에서 이탈하여 싸우게 된 원인이 좌우로 치우친 '붉은 말뚝'이 원인이라 진단하는 사회성 시편이다. 이는 어쩔 수 없이 좌나 우로 몸과 마음과 언행이 젖어 버린 삶의 표정이 써 가는 이생을 그리고 있다. 자기 논리와 자기 진영을 지키기 위하여서는 상대편의 목을 옥죄고 살상하여도 죄의 가책이 없을 정도의 극렬한 적대의식이 뇌리를 지배하는 경우다. 다음 시편은 다소 섬뜩하기조차 하다.

오늘에서야 제자리를 찾은 듯
빈자리에 야무지게 박힌 저 증표 하나
누대를 거쳐도 분명치 않던
기쁨이기도 했다가 눈물이 되기도 했을
저 붉은 말뚝

시대에 따라 내 편이었다가

또는 네 편이었다가
밀고 당기며
멋대로 흔들리던 붉은 말뚝은
애초부터 인정 없는 모리배였나

점이 되어 경계를 지키는
저 붉은 말뚝
때로는 욕심을 부르는 괴물이다
타인을 후려치는 채찍이다
오만을 생산하는 양식장이다

욕심으로 봉인되어
무섭게 경계를 이루는 저 붉은 말뚝
저 점 하나에
큰 산이 무너지고 긴 강이 막힌다

–「붉은 말뚝」 전문

위 시편은 더 이상의 설명이 불필요하다. 작금의 현실 비판이 혼재된 사실 적시의 시편이기 때문이다. 이렇듯 기대와 불안, 포부와 좌절, 도전과 회한의 연속이었던 이생의 여정, 이생에서의 삶에서, 고희에 이르러서야 나동수는 드디어 세상살이에 '어리석음'과 '상처'를 입은 자신을 발견하게 된다. 명문화한 표현은 없지만 내상內傷이 중한 상태이다.

살아온 날들을 되돌아보는 시편인 「용서」는 그러한 심경의 일단을 표출한 작품이다. '지난날에는 / 어리석음이 많았지요 / 세상에 물들지 않으려 해도 / 운명처럼 타고난 정에 이끌려 / 내 많은 것을 잃기까지 / 불행을 자초했던 / 많은 세월 //…(하략)…'(「용서」 일부)은 나동수 시인의 천성이 얼마나 여리고 얼마나 섬세하며 얼마나 순진무구한지를 잘 드러내는 구절들이다. 나동수의 「용서」 시편은 나동수가 얼마나 욕심 없고 악의 없이, 바보처럼 천진무구하게 살아온 삶의 여정이었나가 내재되어 있다 하여도 과언이 아니다.

이것이 나동수 시인의 이생 여정이 불가피하게, 어쩔 수 없이, 우직하고 투명한, 천상 시인일 수밖에 없는 이유이기도 하다. '용서'함으로써 나동수는 자신이 걸어온 이생의 여정에 상대방을 용서하면서 동시에 자신을 '용서'하고 자신과 화해한다. 그리고 자신에게 위해를 가하였던 사람들과도 화해한다. 그럼으로써 나동수는 자신이 지고 있던 무거운 마음의 짐과 화해를 도모하며 마침내 일체화한다. 화해하였으므로 평온하다. 안정된 생활과 평온함으로 이어지는 일상은 안녕하다. 그렇다면 나동수의 시선은 어디를 향할 것인가.

3. 그림자를 세우다

일종의 발견이다. 마음이 평온해지자 마음이 새로운 시선으로 시야를 넓게, 그리고 깊이 있게 사물의 이면을, 사라져 버리고 마는, 안 쳐다보면 그뿐인 하찮은 존재, 어찌

보면 의미 없음에 이르기까지 주목하기 시작한다. 흥미로운 일이다. 고희 근처여서 그런가, 나동수 시인이 써 내려간 시편의 울림은 이쯤에 이르러 두런거리는 음성들이 융숭하다. 세상 사람들과는 엄연히 다른 '그림자'의 '그림자'들이 인생을 관조한다. 관조의 행위는 일상에서 잊고 살았던, 쳐다보지도 않았던, '그림자를 세우는 일', 그리고 '그림자'를 맡기는 일이란 '그림자'의 의미와 가치를 알지 못하고는 짚지 못하는 부분이다.

……(상략)……

한 걸음을 나서면
두 걸음만큼 멀어지는 것이
세월의 이치임을 알면서도
여전히 지난날을 고집하며
편도의 그림자에
끌려가는 나

오늘은 거기 들어가
높은 각을 모두 불러내
무섭게 기운
그림자를 떠받쳐야지

–「그림자를 세우다」 일부

해가 갈수록
삶이 여위어 가는

여정의 시간

생이 저무는
황혼의
언덕에서

자주 가슴에 닿아
인연이 된
수많은 그림자

처음처럼
빗질을 원하며
내 그림자를 맡긴다

–「그림자」 전문

'그림자'다. 그림자의 고향은 무無다. 없다는 것이 '그림자'의 유년이다. 어찌 '그림자'만의 담론인가. 삶이라는 객체는 실상 망량罔兩, 곧 그물에 걸린 그림자의 그림자 아닌가. 위 시편들은 그 이야기이다. 나동수 시인이 이 시집의 표제로 삼은 시편들이다. '한 걸음을 나서면 / 두 걸음만큼 멀어지는 것'이 '그림자'라고 한다. '그림자'마저 '편도'가 '무섭게 기운' 즉, 한쪽으로 기울어진 '그림자'라고 한다. 비정형, 혹은 비정상이다. 자신으로 생긴 그림자가 아니다. 삶의 굴곡진 길을 굽이돌다 보니 자기도 모르게 생성된 낯선 '그림자'가 기울어져 있다. 그 기울어진 그림자를 바로 세우는 일이 「그림자를 세우다」 시편이다. 그러나 '그림자'가 어디 바로 세우고 싶다 하여 세워지는 물상인가.

'그림자'에 이끌려 걸어가는 '그림자'에 '처음처럼 / 빗질을 원하는' 사내의 몰골은 흡사 셰익스피어의 「맥베스」에서 대사 '꺼져라. 꺼져라. 짧은 촛불이여! 인생은 걸어 다니는 그림자, 무대에서 제시간을 허덕이다가 영영 들리지 않는 서글픈 배우, 그것은 백치가 지껄이는 대사, 잡음과 분노뿐이오 아무런 의미도 없는 것, 사람은 저절로 대머리가 되어 가는 그의 머리털을 회복할 시간이 없다'와 유사하다.

걸어 다니는 그림자에 지나지 않는 생이기에 나동수 시인은 '자주 가슴에 닿아 / 인연이 된 / 수많은 그림자 // 처음처럼 / 빗질을 원하며 / 내 그림자를 맡긴다'라고 쓴다. 살아오면서 맺은 무수한 인연의 사연들이 인생이다. 하지만 이 인생이란 한낱 '그림자'에 지나지 않는다. 허무맹랑한 일이다. 없음, 에 지나지 않는 삶, 삶이 '그림자'에 귀속된 것이다. 이러한 인식이야말로 나동수 시인이 스스로 직접, 걸어 다니는 그림자로서의 생을 관조하고 '새로움'과 '완성'이라는 하나의 도道를 터득하기 위하여 부득불 유랑의 길을 탐닉하게 한 요인이라 할 수 있다.

4. 유랑, 그리고 유랑의 도道

내겐 독서실이 따로 없다

2년 전 언제고 방랑할 수 있는
캠핑카를 구했기 때문이다
어쩌다 짬이 나면
노트북을 싣고
산이나 강가에 가서 책을 펼친다
동행이 없어도
책 속에 수많은 동행이 있으니
다행인지 모른다
날이 저물어도
걱정이 없는 독서실
……(하략)……

—「이동 독서실」 일부

하늘 아래 아름다운 강토
네가 갈 수 있는 곳이라면
어디든 가서
자연이 되고 싶다

인생은 어차피
구름처럼 떠돌다 가는 것
생의 끝자락에서 황혼이 되어도
새로운 곳이라면 어디든
발이 닳도록 나서고 싶다

모래바람뿐인
끝없이 삭막한 사막이라 해도

어둠과 차가움뿐인
지독한 툰드라의 지층이라 해도
그곳이 갈 수 있는 곳이라면
어디든지 나서고 싶다

그를 찾아가
나를 완성할 수 있다면
물이 되고 바람이 돼도 좋으리
나 그렇게 어디든 나서고 싶다

—「어디든 나서고 싶다」 전문

나동수 시의 종착점은 「이동 독서실」에서 수행하는 유랑이다. 유랑이 수행의 한 덕목이기도 하다. 캠핑카를 타고 캠핑카에서 '노트북'을 펼쳐 놓고 독서하며 글을 쓴다. 시도 때도 가릴 게 없다. 배고프면 밥 지어 먹고 졸리면 잘 것이다. 화장실도 구비되어 있으니 작은 호텔이다. 목적지는 따로 정해 놓은 곳 없다. '하늘 아래 아름다운 강토'가 목적지이다. 그곳에 진입하여 그저 '어디든 가서 / 자연이 되는' 일이 주목적이라 부담도 없다. 냉장고에 술병은 언제나 준비되어 있을 터, 옆자리에는 사십여 년의 세월을 함께 동고동락한 이가 동행할 것이다.

실제로 나동수는 다른 시편 다수에서 그 정감을 노래한 바 있다. 행복하기 이를 데 없는 정경이 아닐 수 없다. '새로운 곳이라면 어디든 / 발이 닳도록 나서고 싶은' 고백은 그러나 여정이, 이유 있는 여정임을 말해 주고 있다. 4연의 '그를 찾아가 / 나를 완성할 수 있다면'이 그것이다. '완성'을 향한 마지막 여정의 시작, 이것이 나동수의 시적 모럴이기 때문이다. 그리하여 이제는 그냥 스쳐 지나쳤던 '동굴'에서조차 '…(상략)…죽은 듯했던 / 그 동굴이 / 살아 있었다 // 세상엔 이렇듯 / 존재하는 것들이 있다 / 죽은 듯이 살아 있는'(「동굴」의 일부)에서처럼 그 소리와 가치를 듣고 배우게 되는 체험을 하기에 이른다.

늘 보고 지나쳤던 고향의 연호, 일명 합덕 방조제를 보면서, '…(상략)… / 연호의 들녘 한 바퀴 / 어스름이 깔리는 지평선엔 / 합덕리 성당에서 들리는 종소리가 / 평화로이 소들을 덮는'(「연호의 소묘」 일부)이라는 평화의 그림을 그린다. 봄에는 '흙냄새 풍기는 / 그런 옷으로 갈아입고' 꽃씨를 뿌리고자 제안도 하는가 하면 '아무리 탐닉해도 / 막혀 버린 벽 / 난 뭘 찾을 수 있을까 // 벽 앞에서 / 벽이 되어 / 나는 내게 묻는'(「보물찾기」 일부)과 같이 시의 벽을 두드리며 그것을 일러 '보물찾기'라 명명하는 나동수의 새로운 음성들을 갖기에 이른다. 사위四圍의 공간을 채우는 것은 순수에 근접한 음성이다. 간절히 궁구하는 구도의 편린片鱗이기도 하다.

결국 나동수의 이번 시집 「그림자」는 나동수가 인생길 굽이굽이 돌고 돌아와서 느끼는 정서의 일단이 드러난 작품집이다. 고향인 연호를 보며 안식을 얻는 일에서부터 이 고장 저 고장 여행하면서 느끼는 서정의 연기가 생각의 굴뚝을 타고 모락모락 피어오르기를 그치지 않는다. 평생 정직하고 투박하게 살아온 내음들로 채색된 풍경의 귀결은 그러나 완성을 추구하는 구도자의 수행에 맞닿아 있다.

나동수에게 시 쓰는 일은 여행을 통한 구도求道의 모럴이자 휴머니즘인 동시에 인간, 그 자체이다. 시편마다 시, 그리고 시인이 지닌 위대한 가치를 갈구하는 유랑의 등불을 켠다. 한마디로 나동수 시편들은 유랑을 통한 구도의 모럴이다. 그러면서 문학의 본질인 의미 발현과 그 의미의 전달에 애쓴 흔적이 역력하다. 모쪼록 나동수 시인의 맑고 투명한 시어들이 나름대로 커다란 잠재력을 발휘하여 더 눈부실 것을 믿으면서 시편에 내재한 염원과 음성들을 귀히 품에 껴안는 것으로 대미를 닫는다.